Margaret Strub
Hinaus aufs Land

*Dieses Buch widme ich John
in Liebe und Dankbarkeit
für seine Ermutigung
und Hilfe.*

Margaret Strub

Hinaus aufs Land

Geschichten von Conni Stüssi

SILVA

Siehst du das Schlößlein dort zwischen den Bäumen? Es ist das Schloß von Knonau. Ein richtiger König und seine Prinzessin haben darin nie gelebt.
Nur ein Landvogt. Sein Amt war es, über die Landschaft zwischen dem Uetliberg und dem Zugersee zu regieren. Den Vogt gibt es schon lange nicht mehr.
Aus dem Schloß ist zuerst ein Gasthof geworden. Dann die Post. Dann eine Klinik. Und heute ist es ein Haus mit Wohnungen und Büros darin. Doch die Gegend hier heißt immer noch Knonauer Amt.

Die Menschen, die hier wohnen, sagen aber «Säuliamt». Vielleicht, weil die Bauern früher jedes Jahr mit ihren Schweinen in die Stadt Zürich gewandert sind, um sie dort auf dem Markt zu verkaufen. Oder, weil die feinen Leute in der Stadt gedacht haben, daß die Bauernleute hinter dem Berg ein wenig wie die «Säuli» lebten…
Mir gefällt es hier. Kommst du mit auf einen Spaziergang? Ich kann dir noch mehr erzählen. Von Ziegen und von Schafen, von einem häßlichen Weiblein und von einem alten Schmied.

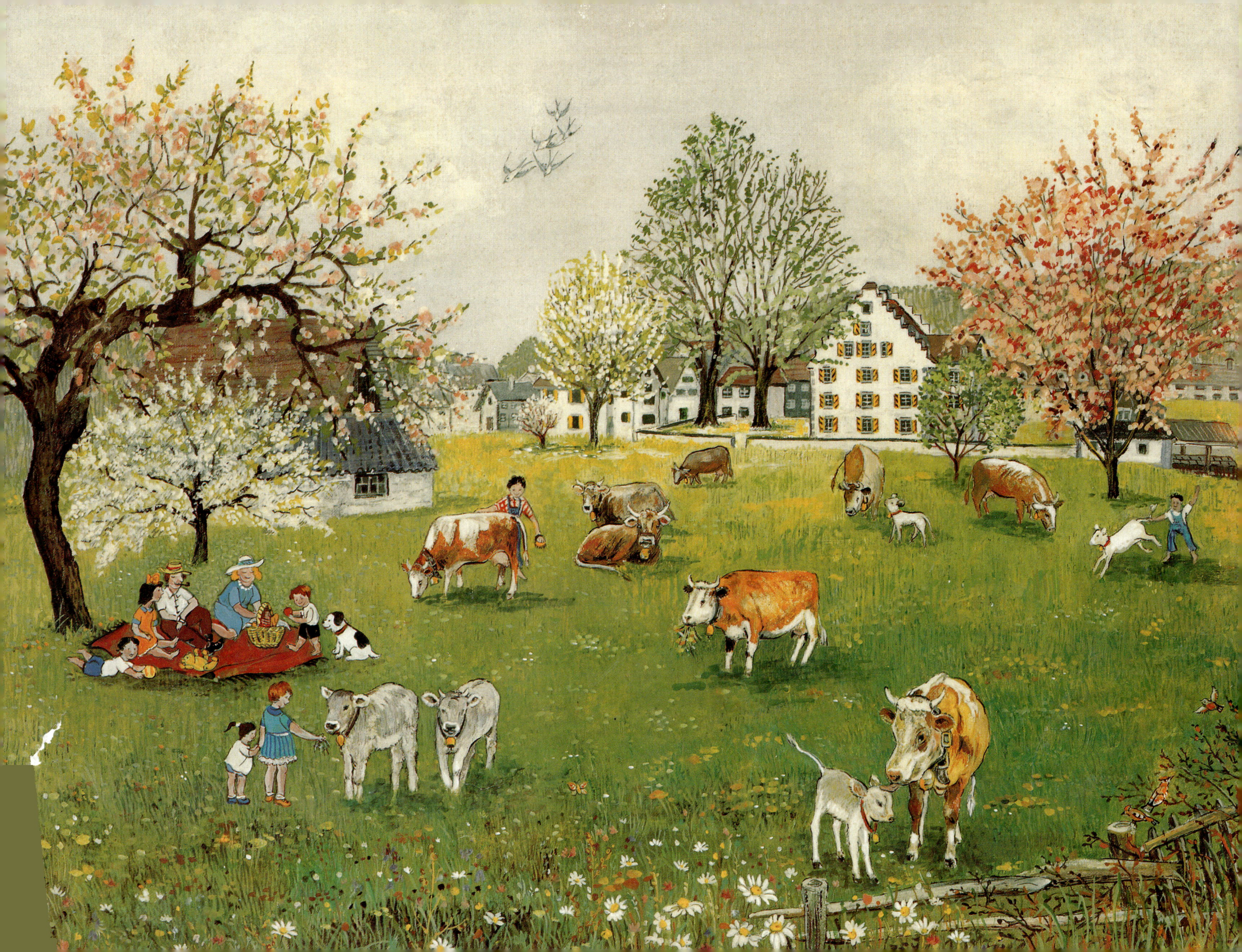

Früher haben hier vor allem Bauernfamilien gelebt. Heute arbeiten die meisten Leute, die hier wohnen, in der Stadt. Aber Bauernhöfe gibt es trotzdem noch.
Sieben Küken hat diese Henne ausgebrütet. Das ist nicht besonders viel. Sie kann sich nämlich so aufplustern, daß sie sich auf doppelt so viele Eier gleichzeitig hocken kann!
Die Ziegen sind manchmal freche Zwerge. Mitten in den saftigsten Kräutern stehen sie und rümpfen die Nase. Plötzlich aber sind sie von der Weide verschwunden. Und eine Stunde später stehen die Blumen im Garten ohne Köpfe da. Von den frischgepflanzten Salatsetzlingen sind höchstens noch ein paar welke Blättlein übriggeblieben.
Die Frühlingssonne hat das Blechdach des Traktors aufgewärmt. Im Sommer verbrennst du dir daran die Finger. Doch jetzt ist es angenehm warm. Wie eine Bettflasche. Leider ist das Plätzchen bereits besetzt.

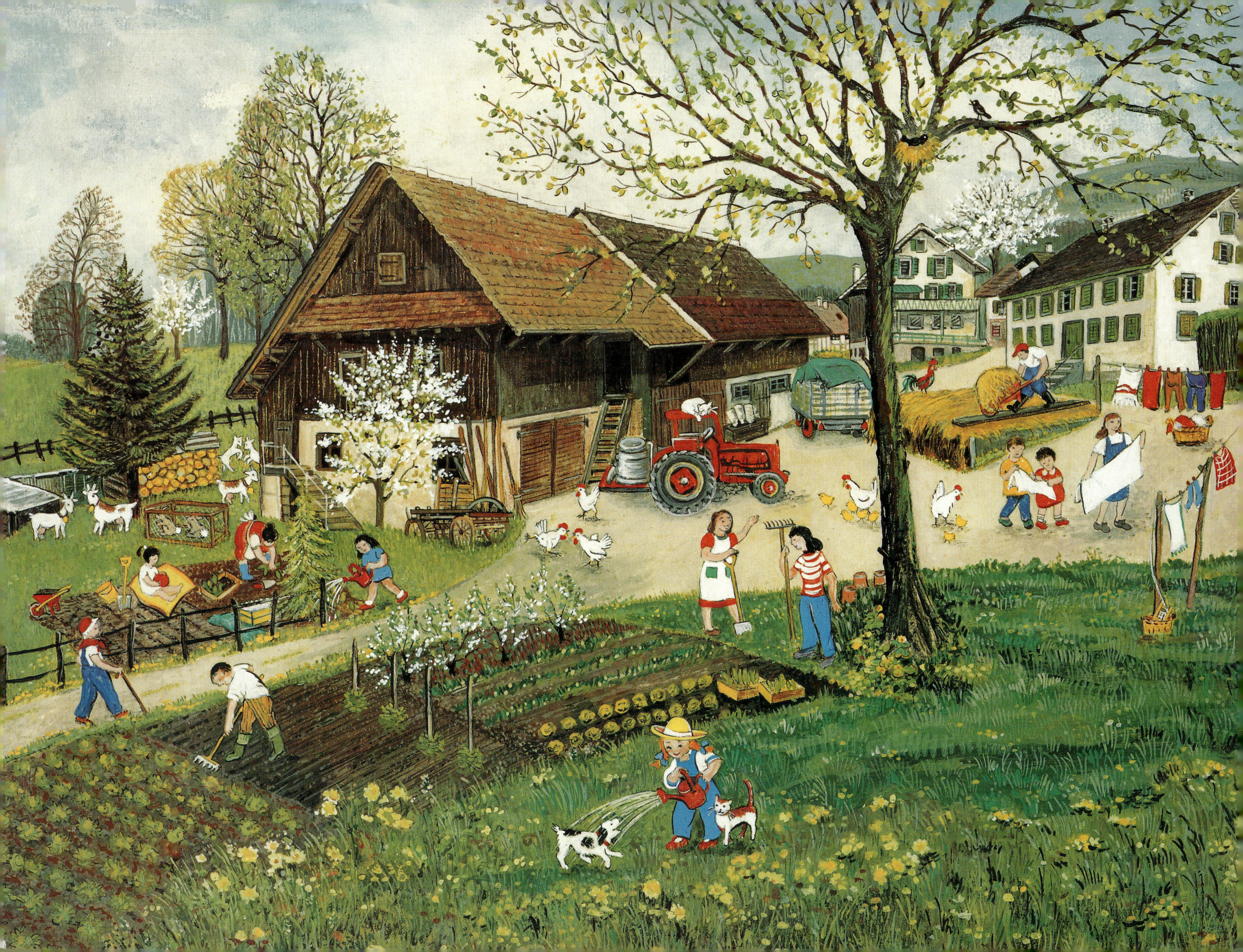

Schau, die Schwalben sind aus dem Süden zurückgekehrt! Nun wohnen sie bis zum Herbst wieder im Stall.
Weißt du eigentlich, wer das eingebildetste Tier ist auf dem Bauernhof? Natürlich der Hahn. Immer muß er sich über seine Hühner stellen. Draußen hat er sich auf dem Miststock oben eingemietet. Und im Stall drin macht er sich auf dem Milcheimer wichtig.
Für die Kühe ist heute ein Festtag. Zum ersten Mal in diesem Jahr dürfen sie auf die Weide. Die Glocken sind schon umgehängt. Auf der Weide bist du froh darum. So kannst du auch im dichten Nebel hören, wo sich die Kühe herumtreiben.
Letzthin, da wollte ein Nachbar den Kühen die Glocken verbieten.
Sie haben ihn geärgert, denn er hat bei so einem Lärm nicht einschlafen können...

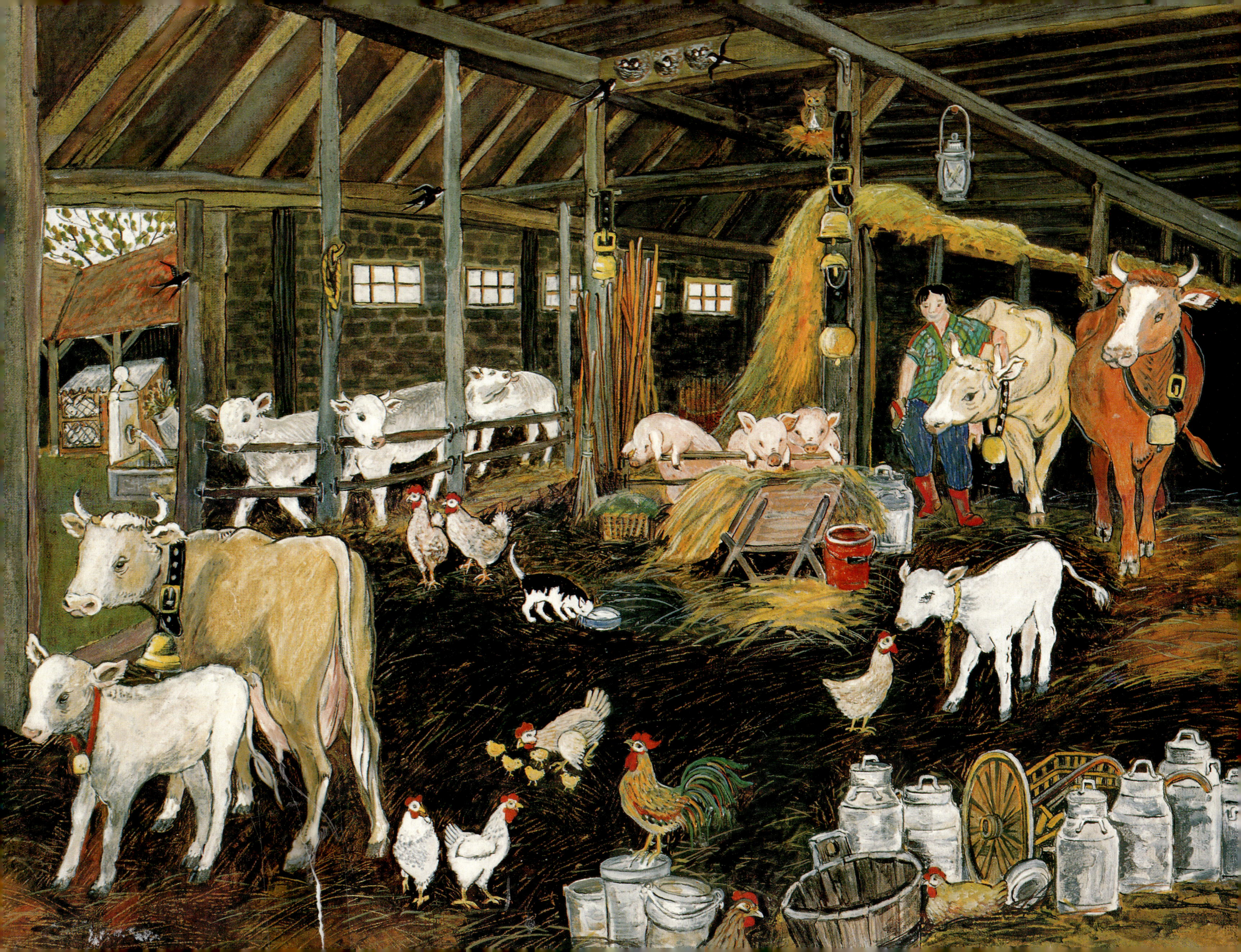

Eine Milchhütte oder eine Molkerei gibt es noch in jedem Dorf.
Früh morgens und abends liefern hier die Bauern ihre Milch ab.
Siehst du Flora hinten auf dem Wagen sitzen? Bis vor kurzem hat sie die Milch noch selber gezogen. Doch eines schönen Abends hat sie es sich anders überlegt. Sie hat, samt Kannen und Wagen, Reißaus genommen. Quer über die Felder. Als erstes sind die Kannen heruntergefallen. Bald hat sie sich auch vom Wagen befreit. Auf dem Feld hat sie den Nachbarshund Fritz getroffen.

Ich glaube, Flora und Fritz waren auf der Stelle verliebt ineinander. Denn neun Wochen später hat Flora drei prächtige Jungen zur Welt gebracht. Den Milchwagen braucht sie seither nicht mehr zu ziehen.
In die Molkerei will sie aber trotzdem noch mitkommen. Denn irgendwo gibt es dort immer ein wenig Milch zu schlecken.

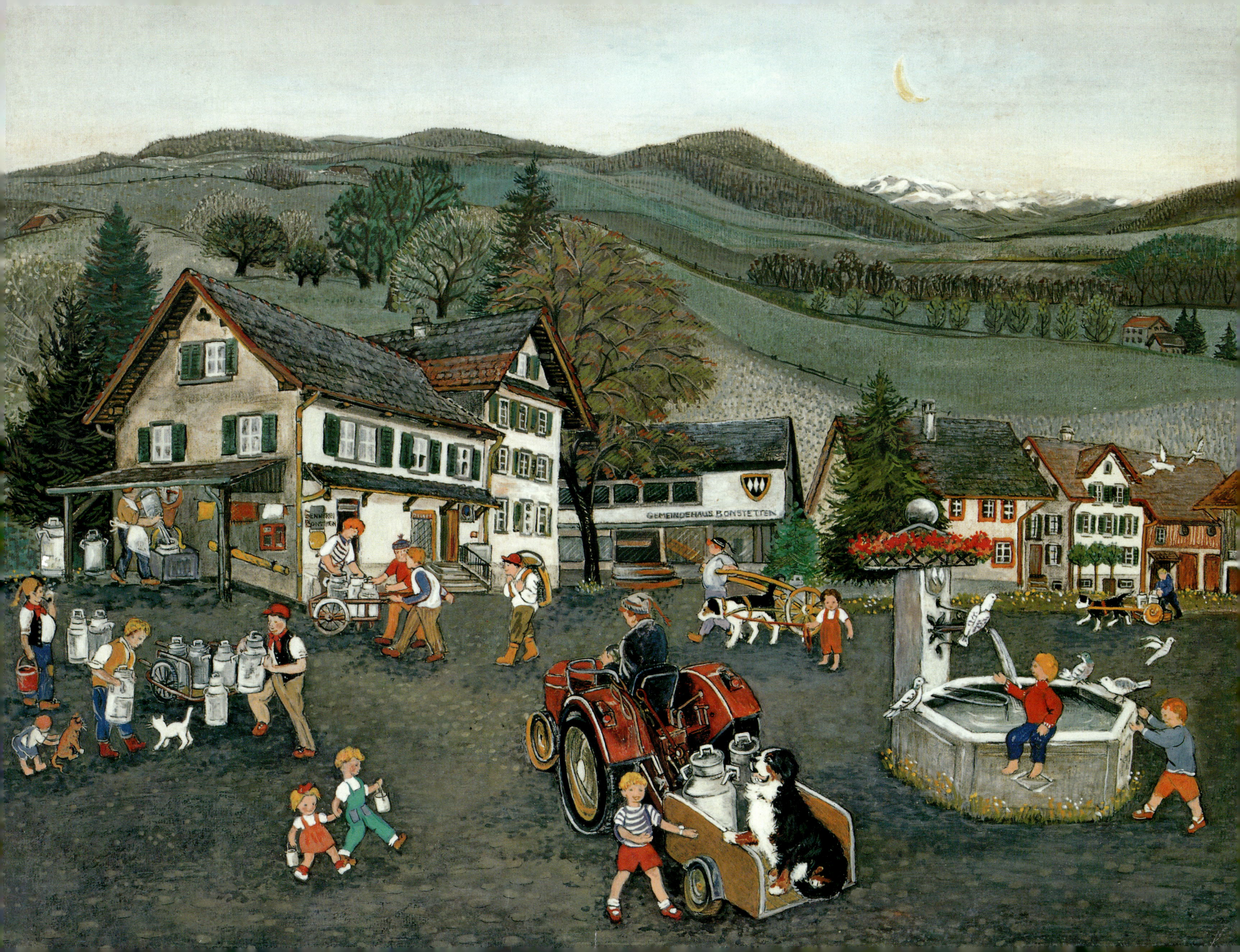
GEMEINDEHAUS BONSTETTEN

Wie eine glitzernde Überraschung liegt der Türlersee zwischen den Hügeln versteckt.
Jetzt, im Sommer, ist es schön, darin zu baden. Du kannst auch tauchen gehen. Nach Kaulquappen, Wasserschnecken und kleinen Krebsen. Und natürlich nach einem versunkenen Schatz.

Auch fischen kannst du. Einer, der hat einen Hecht herausgezogen. Der war eineinhalb Meter lang und beinahe zwanzig Kilo schwer!
Dort, wo das Schilf hochsteht, bauen die Wasservögel im Frühling ihre Nester. Und an schönen Sommerabenden singen hier die Frösche. Ich lade dich zu einem Froschkonzert ein!
Manche Leute kommen auch an den See in die Ferien. Sie wohnen in den Campingwagen, dort, am anderen Ufer.

Im Winter kehrt wieder Ruhe ein. Doch manchmal gefriert das Wasser für ein paar Tage. Dann wird aus dem See über Nacht ein wunderbares Eisfeld.

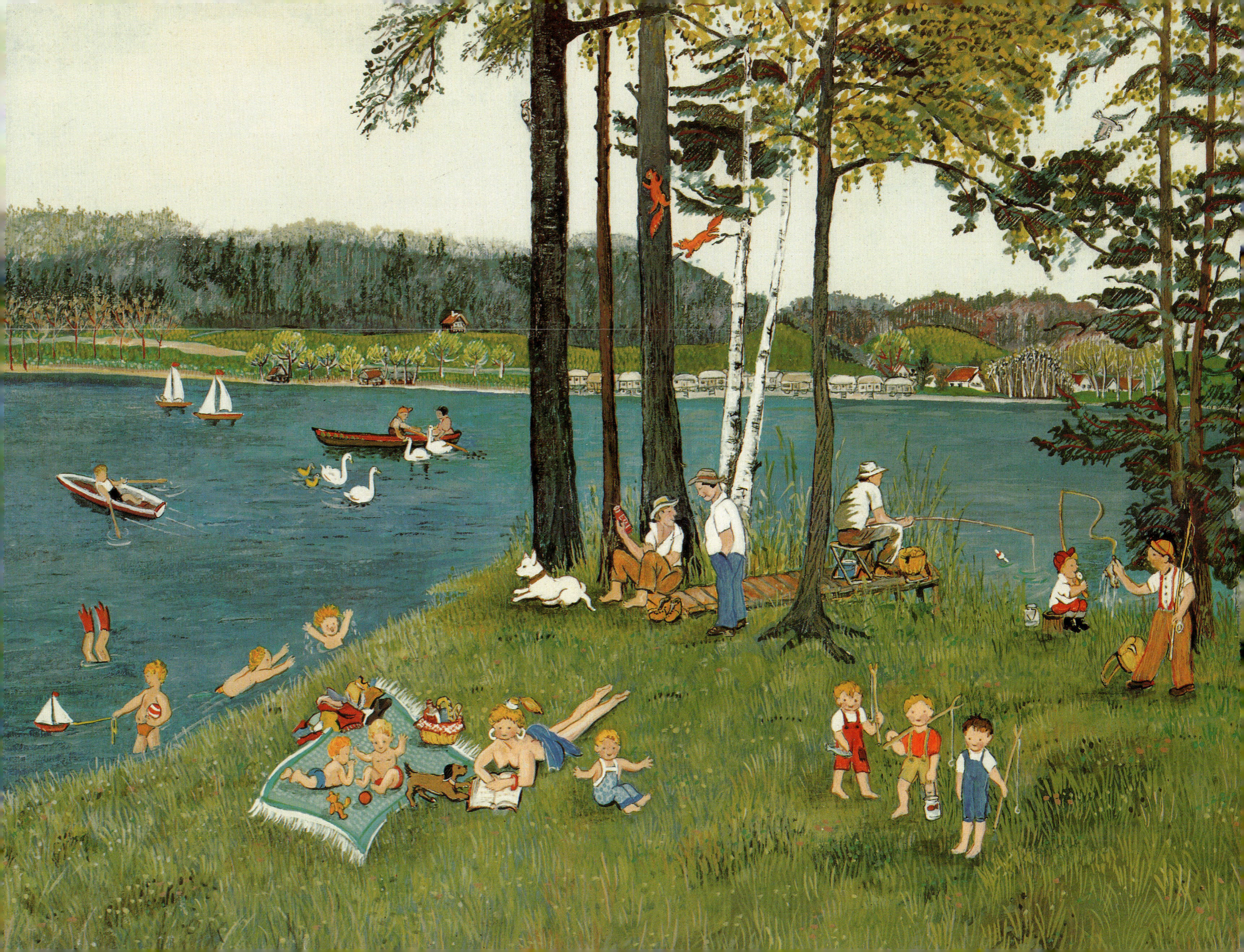

Das ist der letzte Schmied in dieser Gegend. Schon sein Urgroßvater war Schmied. Doch wenn er selber zu alt wird für diese strenge Arbeit, schließt er die Werkstatt für immer.
Die heutigen Schmiede haben ihr Werkzeug im Auto und fahren damit von Stall zu Stall.
Wenn ein Pferd zum Beschlagen kommt, blickt der Schmied ihm zuerst in die Augen. Er fühlt, ob sein Fell trocken oder vom Angstschweiß naß ist. Er schaut, ob es unruhig mit den Ohren spielt. So spürt er, ob das Tier ruhig ist. Oder scheu. Oder ob es gerade ein paar Flausen im Kopf hat. Wenn es nur das ist, darfst du ihm ruhig eines auf den Hintern klapsen, damit es ruhig steht. Hat es aber Angst, so drückt der Schmied das Huf sanft in den Schoß seiner Lederschürze. Er streicht so lange darüber, bis das Tier seine Furcht verloren hat.
Erst jetzt nimmt er sein Werkzeug hervor: Zange, Hammer, Feile und das Klauenmesser.
Übrigens, zu deiner Beruhigung: das Beschlagen tut den Pferden überhaupt nicht weh!

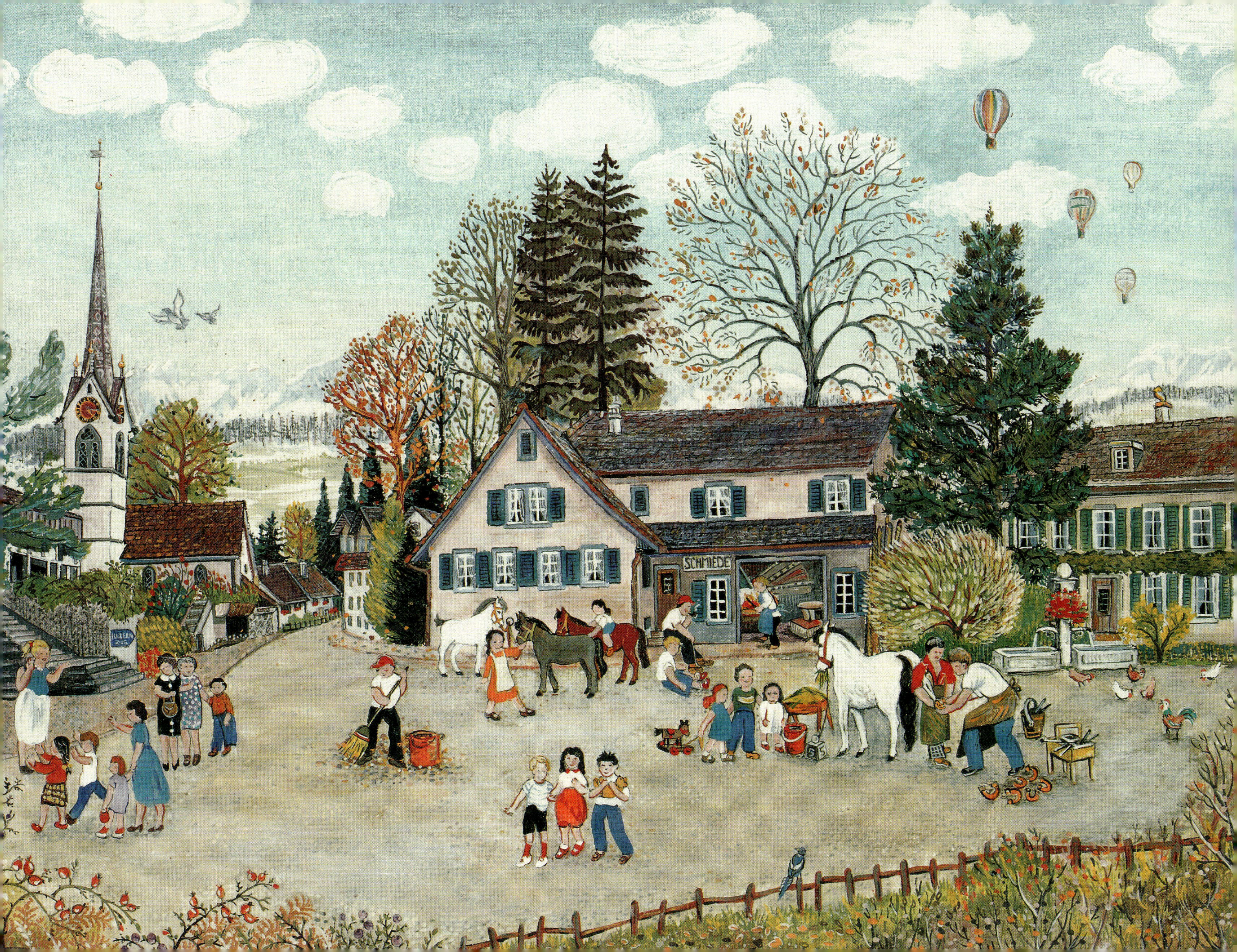
SCHMIEDE

Schau, eine Maus! Was die mitten auf dem Marktplatz macht, möchtest du wissen? Ich glaube, sie war bis heute Morgen in einem wunderbaren Gemüsekeller zu Hause. Ein Leben wie im Schlaraffenland war das! Nur einmal in der Woche gab es Betrieb. Harasse wurden mit Gemüse gefüllt und hinausgetragen. Ein paar Stunden später kamen sie leer zurück. Dann war wieder Ruhe.

Letzte Nacht hat die Maus einen riesengroßen Kürbis entdeckt. Bis tief hinein hat sie sich gefressen. Mittendrin aber ist sie mit vollem Bauch eingeschlafen. Dort drin schlief sie auch noch, als die Harassen heute in aller Früh aus dem Keller getragen wurden. Erst auf der Fahrt zum Markt ist sie aufgewacht. Sie hat sich nicht vom Fleck gerührt. Dann hat eine Frau den Kürbis gekauft und in ihre Einkaufstasche gesteckt. Erst da hat sich die Maus aus dem Kürbis gewagt. Sie hat ein Loch in die Tasche gefressen… und gerade jetzt ist sie hinausgehüpft!

Hoffentlich sieht die Katze sie nicht. Und hoffentlich findet sie ein gutes neues Zuhause.

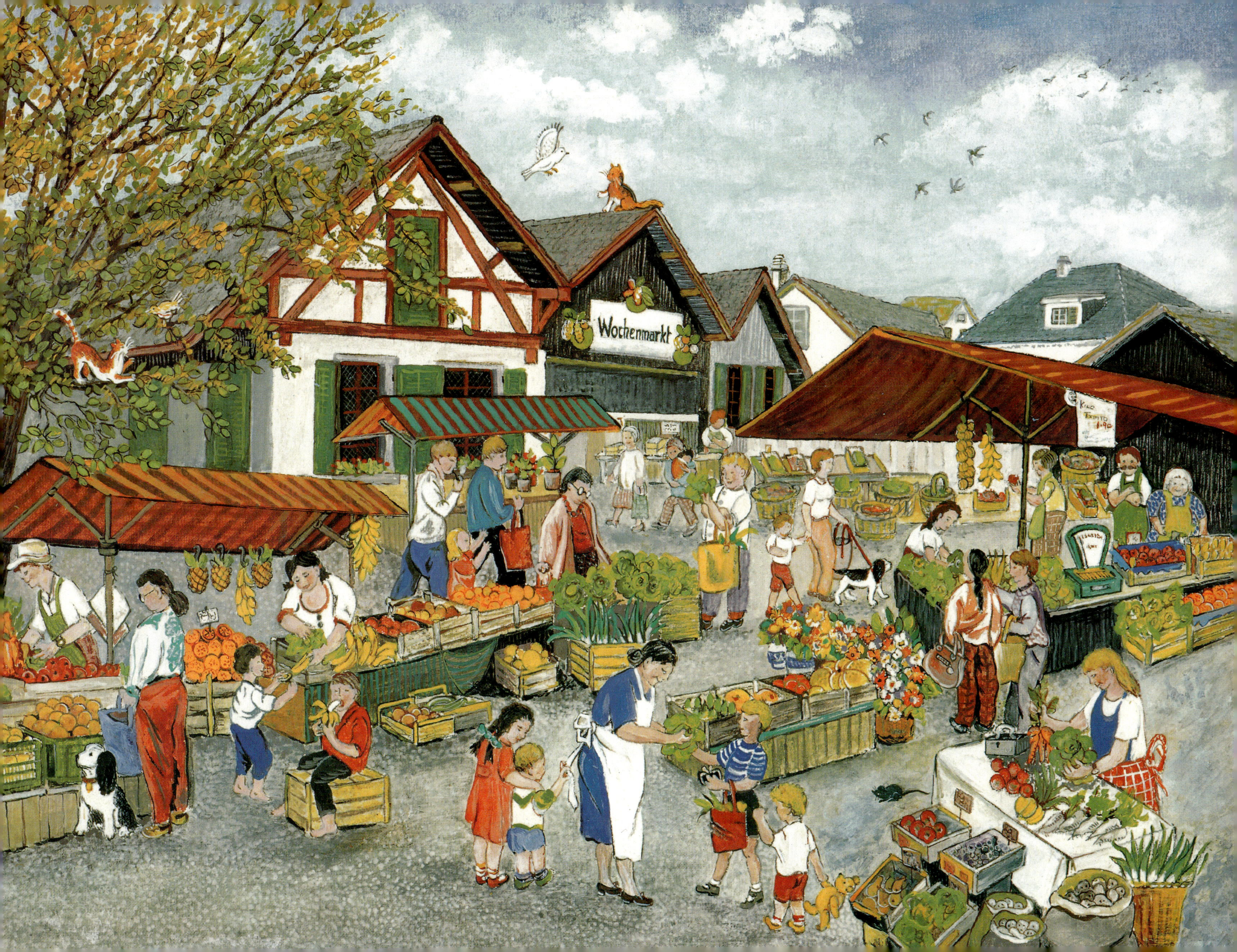
Wochenmarkt
Kilo
1.90

Daß die Ziegen ganz schön frech sein können, das hab' ich dir bereits erzählt. Bock Otto aber ist der Schlimmste von allen. Er ist im ganzen Dorf bekannt. Wie alle Ziegenböcke, so duftet auch Otto ganz gewaltig. Das ist ja nicht weiter schlimm, wenn er draußen auf der Weide oder drinnen im Stall ist. Doch Bock Otto ist am liebsten unter Menschen…

Letzhin ist er einfach mit einem Spaziergänger davongewandert; bis hinunter auf den Postplatz. Und als der Spaziergänger ins Postauto stieg, da ist Otto gleich mit eingestiegen. «Raus da!» hat der Fahrer gerufen. Doch Otto hat sich wenig darum gekümmert.

Nach kürzester Zeit haben das ganze Postauto und alle Fahrgäste, die an Otto herumgezerrt haben, ganz fürchterlich gestunken. Doch dieser hat sich nicht vom Fleck gerührt. Er hat begonnen, die Metallstangen abzuschlecken und seine Hörner an den Sitzlehnen zu reiben. «Das geht zu weit!» hat der Fahrer gebrüllt und vor Verzweiflung wild auf die Hupe gedrückt. Das hat gewirkt.

Vor Schreck ist Otto mit einem riesigen Satz aus dem Postauto gesprungen. Der Posthalter hat ihn dann eingefangen, an einen Strick gebunden und zurück auf seinen Hof gebracht.

Doch du siehst, gebessert hat er sich seither überhaupt nicht.

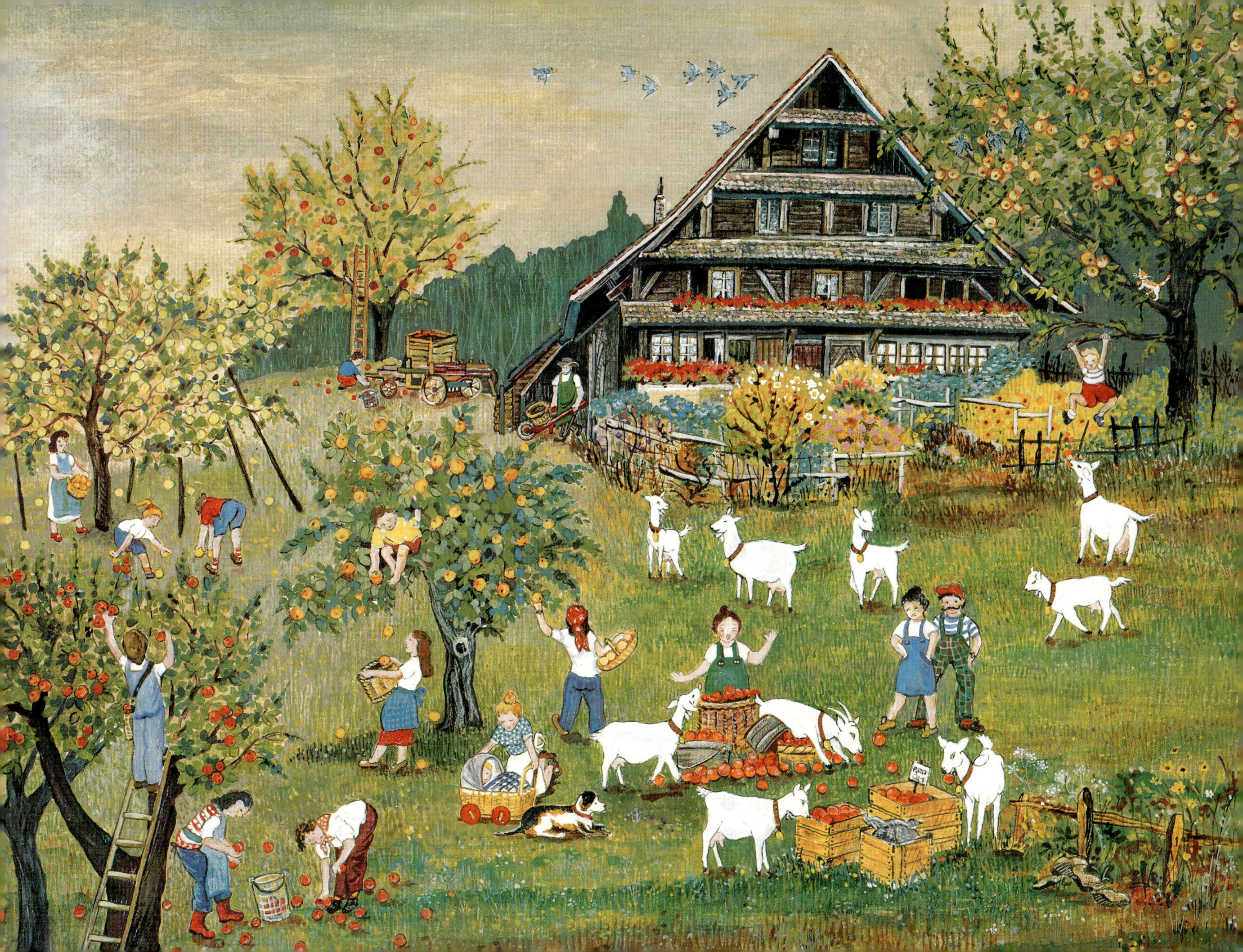

Es ist Herbst - der Zirkus ist wieder da! Es ist ein besonderer Zirkus. Du zum Beispiel, du könntest eine Woche lang Akrobat sein. Oder Feuerschluckerin. Der vorderste Wagen heißt Zitrone. Einfach deshalb, weil er so schön gelb ist. Der braune Wagen mit dem blauen Dach ist die Zirkusküche. Es hat einen Kochherd und einen Backofen darin, einen Kühlschrank und einen Geschirrspüler. Auch die Zirkuswaschmaschine hat ihren Platz. Und natürlich der große alte Küchentisch.

Der Hund heißt Bimbo. Er kann Springseilen. Aber manchmal ist es ihm zu heiß dazu. Und manchmal kratzt er sich lieber ausgiebig hinter dem Ohr.
Faßlaufen ist etwas Lustiges. Wenn du vorwärts läufst, geht es rückwärts. Und umgekehrt.
Übrigens: hast du die vielen Fledermäuse auf den Wagen gesehen? «Circolino Pipistrello» ist italienisch. Auf deutsch heißt das: «Kleiner Zirkus Fledermaus».
Heute Abend ist Vorstellung. Gehen wir zusammen hin?

CIRCOLINOPIPISTRELLO
HEUTE ABEND ZIRKUS
CIRCOLINO
CIRCOLINO
PIPS
30
230
MARGARET STRUB

Heute Abend werde ich mit der größten Glocke heimkommen!» hat Paula am Morgen wichtig in den Stall gemuht. Dann hat der Bauer seine rote Sonntagsjacke angezogen, und zusammen sind sie zur Viehschau gegangen.

Heute wird dort die schönste Kuh im ganzen Amt gewählt. Zu Hause ist Paula das immer: Sie hat das prallste Euter, die stärksten Beine, den besten Körperbau, das glänzendste Fell. Doch auf dem Viehplatz wimmelt es plötzlich von Schönheiten. Und Paula fühlt sich nur noch halb so wichtig.

Endlich kommt der Mann mit der blauen Berufsschürze. Er klopft und drückt und mißt und mustert Paula vom Huf bis zu der Hornspitze. Dann schreibt er Noten in ein Notizbuch ein. Zu dumm, daß sie nicht lesen kann!

Paula ist wieder zu Hause. Im Stall ist es bereits dunkel. Vom Festplatz tönt Lachen und Musik. Morgen früh beim Melken wird der Bauer furchtbar müde sein. Auch Paula schläft noch nicht. Sie muß immer an die prächtige Glocke denken, die heute Nacht zum ersten Mal über ihrem Namensschild hängt. Es ist die Größte im Stall – für die schönste Kuh im Amt…

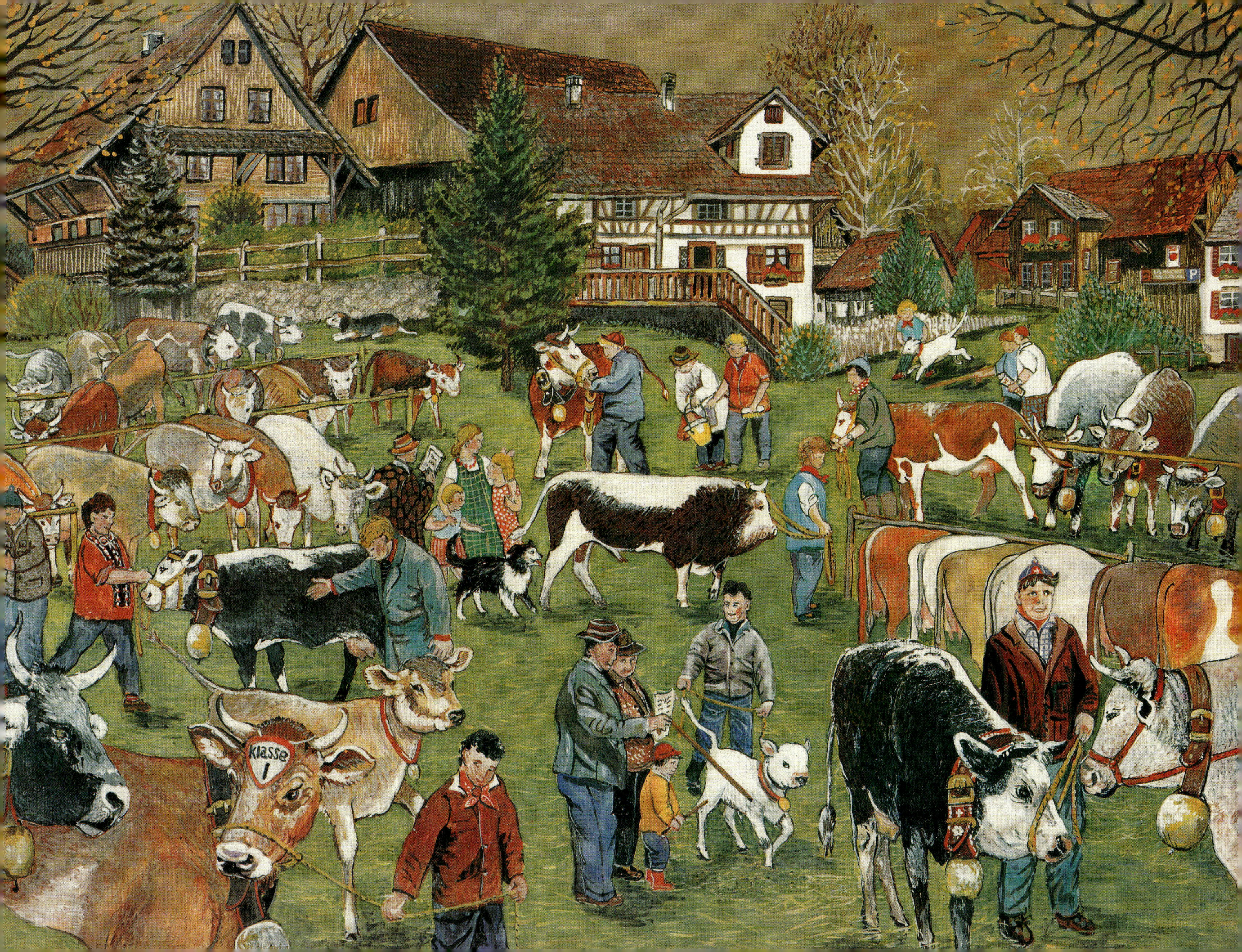
Klasse
1

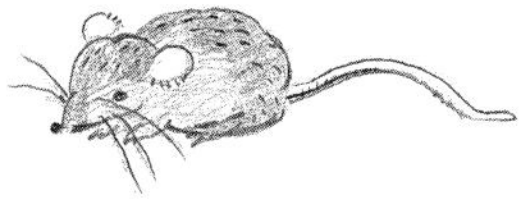

Im November gibt es in allen Dörfern Räbenliächtli-Umzüge.
Räben sind früher so häufig gegessen worden wie Kartoffeln.
Heute pflanzen nur noch wenige Bauern Räben an. Extra für den Umzug.
Am schönsten habe ich immer das Schnitzen im warmen Schulzimmer gefunden: Meine Räbe mit Mond und Sternen zu verzieren und zwischendurch vom herausgekratzten Räbenfleisch zu naschen! Einmal war es ein wenig zuviel. Die Räbenreste der Banknachbarin aß ich auch gleich auf. Kurz vor dem Umzug war mir dann so furchtbar schlecht, daß ich leider nicht habe mitlaufen können.
Wenn dir die Räbe zu klein ist, kannst du auch einen Kürbis aushöhlen. Der gibt ein wunderschön orange-rotes Licht. Nur ist er furchtbar schwer zu tragen.

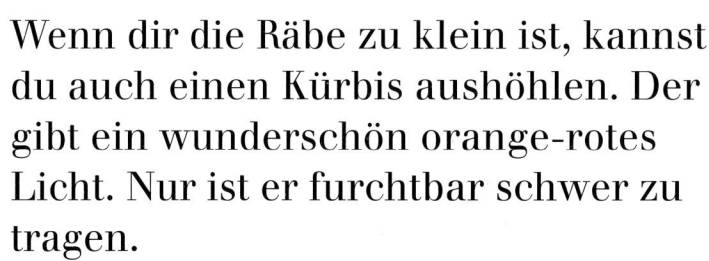

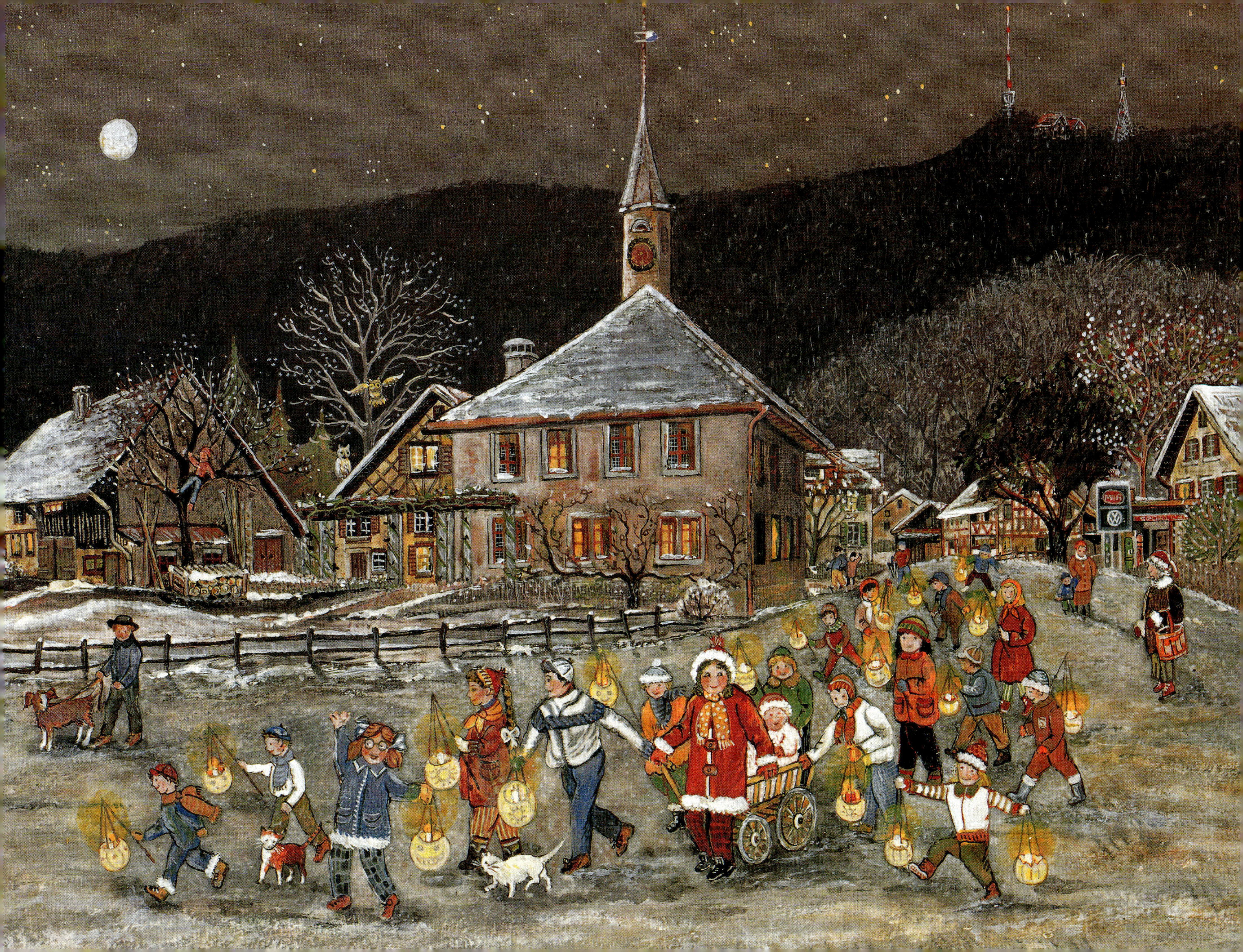

Alle Jahre im Winter zieht ein Schäfer mit seiner Herde von Dorf zu Dorf. Wenn die Wiesen nicht mehr von den Kühen genutzt werden, darf er seine Schafe darauf weiden lassen. Das ist ein uraltes Recht.

Ein paar Hunde hat er dabei. Die helfen ihm beim Hüten und beim Treiben. Er kennt sie gut. Manchmal genügt ein Blick von ihm, und schon wissen sie, was sie zu tun haben.

Auch ein Esel gehört dazu. Er ist der Gepäckträger des Schäfers.

Der Schäfer lebt immer draußen. Auch in der Nacht und auch, wenn es schneit. Das macht ihm nichts aus. Er hat andere Sorgen. Denn weißt du, immer mehr Wiesen verschwinden. Jedes Jahr ist ein alter Weideplatz mit neuen Häusern überbaut. Und auf den Straßen hat es immer mehr Verkehr. Manchmal wird es beinahe unmöglich, sie mit einer Herde zu überqueren.

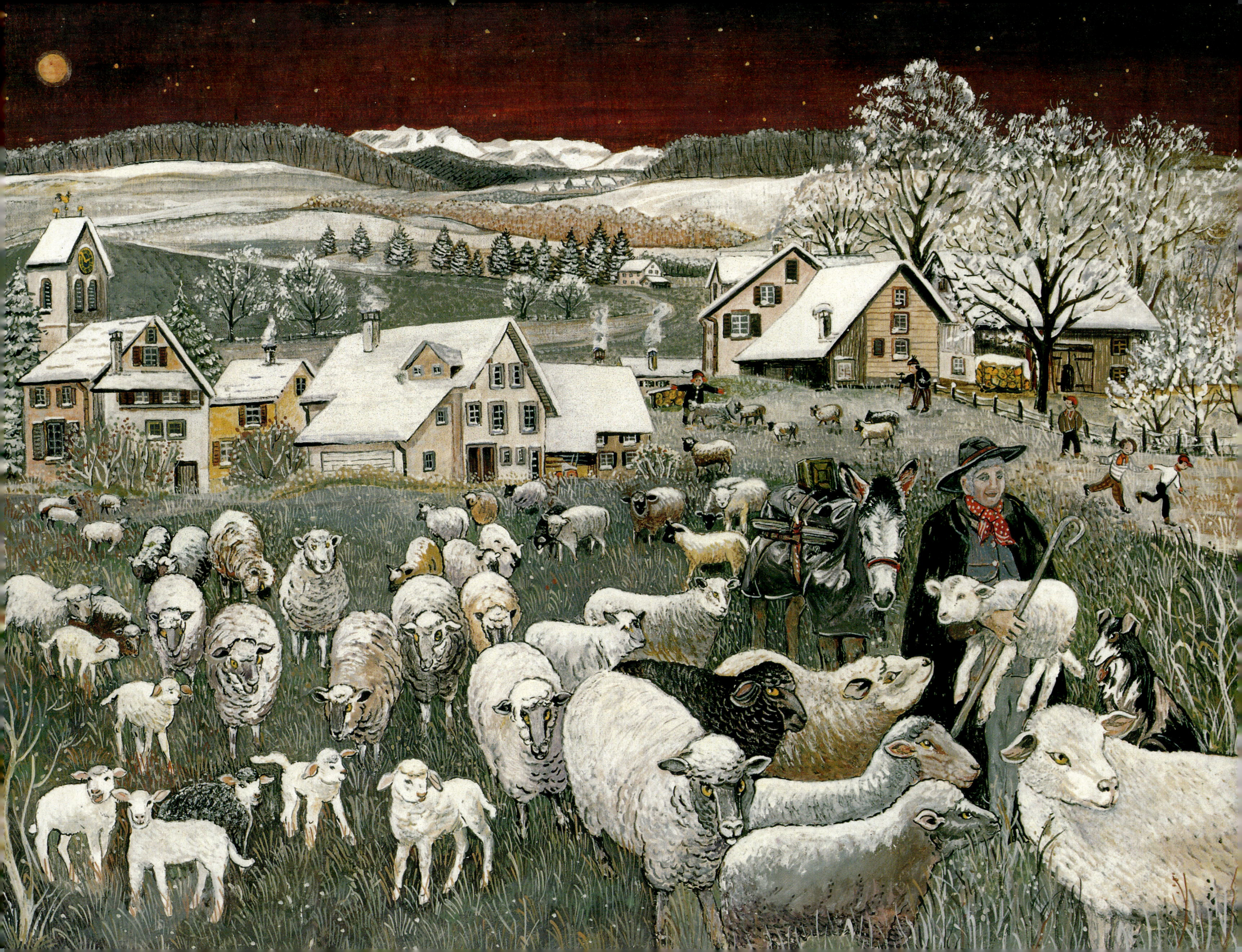

In der kalten Jahreszeit, wenn die Arbeit auf dem Feld ruht, gehen die Bauern «ins Holz». So nennen sie das Baumfällen im Wald.
Der Wald ist eine riesige Schatztruhe. Überall, nicht nur bei uns im Säuliamt. Er ist ein großes Haus, in dem unzählig viele Tiere wohnen. Er reinigt unsere verbrauchte Luft. Er ist eine Vorratskammer voller Holz. Um Häuser daraus zu bauen. Oder den Ofen zu heizen. Um einen Farbstift daraus zu machen. Oder das Papier, worauf ich dir all dies erzähle. Und natürlich ist er der beste Ort, um Verstecken zu spielen.

Weil der Wald so wertvoll ist, muß für jeden gefällten Baum ein neuer gepflanzt werden.
Hier haben die Bauern Rottannen gefällt. Die wachsen am schnellsten wieder nach. Wie schnell? Nur etwa hundert Jahre brauchen sie dazu! Heute wird die Holzfällerarbeit natürlich auch bei uns mit Maschinen gemacht. Nur die Servelats werden noch am Stecken gebraten. Soll ich zwei für uns kaufen?

Manchmal ist es hier richtig Winter, und manchmal läßt der Schnee uns einfach sitzen.
In einer bitterkalten Winternacht hat es an meine Tür geklopft. Draußen stand ein Weiblein. Ein wenig häßlich war sie. Und ein wenig unheimlich.
«Darf ich an die Wärme kommen?» hat sie gefragt.
Sie hat mir Geschichten erzählt und sieben Teller Suppe dazu gelöffelt. Dann hat sie sich auf dem Sofa zum Schlafen hingelegt und unter der Decke hervorgezwinkert: «Du darfst dir etwas wünschen, irgendetwas.»
«Ich wünsche mir, daß morgen der Schnee kommt», habe ich gesagt.

Am nächsten Morgen war das Sofa leer. Aber draußen war alles tief und weiß verschneit. Und beim kleinen Weiher vor dem Fenster war schon mächtig Betrieb. Peter und Poldi sind wohl mit dem ersten Hahnenschrei aus den Federn gesprungen und haben einen Schneemann gebaut. Und sogar Fuchs und Has' und Hirsch und Reh hatten Spaß an der weißen Überraschung. Nur dem Eis war der Rummel zuviel: Nora hat eine ordentliche Portion Eiswasser geschluckt. Aber sie hat Glück im Unglück gehabt.
Vielleicht hat das alte Weiblein auch da ein wenig mitgeholfen!

Margaret Strub und ihre Bilder

Margaret Strub ist gebürtige Engländerin und lebt seit 1952 in Wettswil im Knonauer- oder eben: im Säuliamt bei Zürich.

Ihre für UNICEF und PRO JUVENTUTE geschaffenen Glückwunschkarten gehen um die ganze Welt. Der Grundstein der künstlerischen Karriere von Margaret Strub wurde in ihrer alten Heimat England gelegt. Sie ließ sich dort an der Kunstschule Macclesfield als Textildesignerin ausbilden. Sehr früh gewann sie einige Malwettbewerbe, denen Ausstellungen in Manchester und London folgten.

Durch ihre Heirat kam die Künstlerin in die Schweiz, wo sie während 25 Jahren im Textilatelier ihres Mannes tätig war.

Seit einigen Jahren befaßt sie sich wieder intensiv mit der Malerei. Bevorzugte Themen sind ländliche Motive «ihres» Knonaueramtes.

Sie sagt dazu: «Ich bin auf dem Land aufgewachsen, und diese Welt hat mich geprägt. Ich liebe nun einmal ein Fuhrwerk mehr als einen Traktor, ein altes Bauernhaus mehr als einen Neubaublock. Und ich leiste mir die Freiheit, das zu malen, was mir gefällt und entspricht. Ich meine, daß jeder Mensch einen Anspruch auf eine schöne und glückliche Welt hat, auch wenn sie sich nicht immer realisieren läßt. Beim Malen kann ich meine Wünsche ausdrücken, die vielleicht auch diejenigen von anderen Menschen sind. Zum Beispiel wäre es für mich am schönsten, wenn Kinder noch überall spielen und fröhlich sein und Katzen und Hühner die Straße überqueren könnten, ohne überfahren zu werden!»

«Hinaus aufs Land» ist das erste Kinderbuch von Margaret Strub – eine Liebeserklärung an die Kinder und an ihre Wahlheimat...

Sonderausgabe für Silva-Verlag Zürich, 1995
ISBN 3 908486 52 1
Alle Rechte vorbehalten
© 1994 Verlag Pro Juventute, Zürich
Umschlag und Illustrationen von Margaret Strub
Gedruckt auf chlorfrei gebleichten Papier
ISBN 3 7152 0293 9